DPoesía y Relatos

DPoesía
Y
Relatos

(1995-2015)

Juan Aguilar Granados

Agradecimientos:

A Pepe Torrente, por ser tan buena gente y contribuir con su sapiencia a escribir un prólogo superlativo.

A Leonor, por haber tenido la gentileza de colaborar en la corrección literaria.

A todos mi seguidores y seguidoras de facebook que con sus comentarios han contribuido a definir ¿Qué es poesía? (**FB** a pie de página).

ISBN: 978 – 84 – 608 – 6158 – 4

Terminado de editar en San Pedro Alcántara

el 18 de Febrero de 2016

" No hay otro maestro, sino tu propia alma ".
(Swami Vivekananada)

DPoesía y Relatos

Prólogo

Descifrar los misterios que nos trae la vida, sufrir sus miserias con la misma gallardía con la que ofrecemos nuestras propias lindezas, vivir sus encantos con la humildad con la que se decantan quienes poco más ofrecen que sus manos, junto a una mirada sincera, es un trabajo propio de poetas. El ritmo de la poesía, que había de ser marcado por la métrica, por el rumbo de las metáforas que la integran, por esos vientos de inerte materia sufrida, quizá gozada, también puede ser un hálito de huellas, impresas desde el sentimiento que impera entre la hiel y el alma.

Hoy las luces son ásperas entre la bondad, y míseras de generosidad cuando de ofrecer ternura se trata. Hay demasiada oscuridad entre los labios del egoísmo. Es una ruta de soberbias la que nutre la mayoría de caminos que nos ofrecen ahí fuera. Pero encontrar en ese pajar de olvidos una aguja que brille entre tanto desencanto es una aventura esperanzadora, un éxito que llegará, que puede lograrse con la poesía, a través de las costuras y remiendos que ésta hace a la vida.

Si hay algo que relumbra entre las cenizas del adiós, que recubre de gloria la señal que nos advierte del porvenir, eso es la palabra mágica entre ritmos y rimas. Y será inequívoca la advertencia, porque esquiva es la vergüenza entre el corazón y la palabra, entre los vientos repletos de lágrimas y una brisa tenue que vigila los ornamentos de la cara. Es un aire de disciplina feroz el que vigila las arrugas de la sonrisa, para que nunca desfallezca entre tanto desánimo, como el que procura la evasión que le permita iniciar el viaje de descenso sin el temor de la caída libre que es no hallar la red que sujete el cuerpo, anestesiado por la vasta emoción recibida tras la lectura de unos versos.

Juan Aguilar utiliza la poesía para poner remedio al horizonte de incertidumbres. Ha escogido el arma inerme de la palabra para poner entre algodones su ternura, y darnos a conocer la horma que hiere su alma, la que la pone en su cama, o que ruge fiera ante la belleza de una simple mañana. Juan, mi querido amigo Juan, saca a relucir esa esponja que utilizó en silencio entre rumbos y rayos, entre rutas y pararrayos, para demostrarnos que la vida es luz, y las luces, de la vida son. Y sólo de la vida.

Qué bueno es querer salir del portal de la casa del silencio con la poesía que llame a la puerta de la conciencia ajena desde la experiencia propia. Qué gran montaña de llantos se tapará cuando la conciencia dicte sobre el papel blanco que espera la mancha de la tinta recia y amarga, escribiendo las palabras que conduzcan mejor el brillo pendiente, la solana de aires que atempere las rabias, y el mar que conduzca las olas hacia el manto azul de un paisaje inacabado. Amado paisaje de mares y montañas, aires y nieves... Ese que cultiva desde su amada Málaga, y recicla a menudo en la entrañable Granada, de nieves y bienes.

Y es que la poesía redime la espera con el dulce sabor de su glosa, con el retazo experto de una prosa sabia, convertida en compás de sabias alternancias, repleta de fe humana, marcada por la tranquilidad y la calma. Un gozo tenerte entre mis manos, poesía impresa, en este libro del alma, ciego de amor por lo que de ciega es su morada.

Vístete despacio niña,

no atribules al alma,

que aquí llega este tren

repleto de palabras,

dispuesto a embellecer,

cada madrugada desnuda,

y revestirla con versos,

tantos como de lágrimas.

Ay Juan, cuánto vistes los desnudos silencios con tus palabras.

Pepe Torrente.

Compañero. Y sin embargo, amigo.

DPoesía y Relatos

Dedicado a mi hija y a mis padres ...

DPoesía
Y
Relatos

DPoesía y Relatos

Allá por el año 1995 en un rincón de alguna biblioteca o de algún pasillo de la facultad, seguramente esperando a hacer algún examen.

1. De mí para ti

Buscando en el baúl de los recuerdos, olvidado
encontré el tesoro en mis sueños, perdido
libre como una golondrina, prendido
en mi corazón tu amor sellado.

Nadie sabe cómo ni cuando, callado
tuviste la suerte de poder siquiera
entrar dejando mi pudor helado
quedando mi corazón para vos, entero.

Un adiós de mi pasión, sincero
incluso romper pudiste el miedo
y entre sollozos burlar mi ego
rogando a Dios un ¡te quiero!

Ojalá que los versos aquí sembrados
jamás olviden de tu sabor, un beso
un beso del amor sirviente
al pasar junto a ti, el eco.

FB-¿Qué es poesía? *"Es lo que el corazón siente en lo más profundo y la mente deja fluir. Poesía en la vida en sí misma".*
(María de Gracia Pérez Navarrete)

2. Fantasía en verso

Truncado al comienzo el verso
al fin pude encauzar la rima
al compás de una melodía sonando
la miro y sigo escribiendo.

Trato de no llamar su atención.
Alegro con su mirada la estrofa.
Tuve que levantar la pluma
estabas allí, sentada, sola.

Quise de la poesía seguir el curso, pero...
sus ojos al acecho observan
intento con cuidado burlar la rima.
Eres tú, de nuevo.

Repaso con cautela el poema
oculto con cuidado tu nombre
juego con los versos y acabo.

Esta poesía que con tu presencia hecha
al final de mi puño el sello
no sé si por tu amor el cielo.

FB-¿Qué es poesía? "Es permitir que mi alma exprese mi sentir".
(Paz Angeles)

Los cuentos de hadas y las ilusiones son fugaces estrellas que rondan el firmamento de tus pasiones. Hallar el punto exacto de retorno a la vida real es un fin en sí mismo.

3. Bruxa

Veo el resplandor de la vida
en el cristal de mis sueños.
Rueda la diosa fortuna en derredor.
Osada vida espera la noche.

No pasará más que tu sombra
infinito deseo mas no eterno
cauto recuerdo aunque lejano.
Alguien no halló lo que yo sentía.

Veo pasar tu dulce estela
algo me dice que no habrá más.
Nadie podrá volverlo atrás.

Estuvo cerca de su corazón, pero...
se hizo la noche y también el silencio.
Aquí llegó tu suspiro, ¿de amor?

FB-¿Qué es poesía? *"Es un bello pensamiento que nace de la necesidad de expresar diversos sentimientos como tristeza o alegría, ausencia, necesidad o simplemente el deseo de comunicar tu sentir con relación a tu vida o al ser amado".* *(Nuria Cerdas)*

4. Maná

Luna joven brilla en el viejo horizonte del atardecer.
Ojos negros ardientes de fuego.
Dulce expresión es la noche.

Luna joven y bella duerme el estío.
Manos cálidas acariciando el infinito.
Infinito deseo que es la noche.

Surco el cielo, persigo la estrella
Llama eterna de mi pasión.
Suave melodía, calma noche.
Luna joven, tú y yo.

Cierra los ojos, siente la brisa.
Duerme el cuerpo, levita el alma.
Duerme la noche, vive la luna.
Luna Joven, amor eterno.

FB-¿Qué es poesía? "*Es soñar con lo bonito. Es la expresión de las almas sensible. Es escribir lo que muchas veces no podemos o no sabemos decir*". **(Magddy Contreras)**

5. Blue

Divina expresión es tu sonrisa
sonrisa dulce como el néctar
bonita y fresca, como el rocío al amanecer.

Tus ojos, intensos, deslumbrantes
hermosos como el día, como el cielo azul
azul intenso, maravillosos.

Tu rostro, un poema enamorado
un verso encadenado, perfecto,
milimétrico, infinito.
Un rostro impávido, eterno.

Tu cuerpo, tu figura
pura poesía, poesía pura
libre, perfecto
un deseo inalcanzable.
Pasión oculta, eres tú.

FB-¿Qué es poesía? *"Es reflexión, pensamiento y trasmisión de sentimientos y belleza. Es la hija privilegiada del lenguaje humano. Todo hombre lleva un poeta latente según Lacan".* **(Cristina Daneri)**

6. Furia

Contempla el violento gemido del viento
alborotador de árboles y plantas
una ira desatada
un lamento enfurecido.

Contempla como el cielo se cubre
de negros nubarrones de luto
para cuando el momento
esparcir su llanto al alba.

Triste invierno es el frío y la lluvia
el despertar húmedo de la mañana
el fuego helado de la noche.

Y triste más, si de mi corazón la espina
no la puedo por más arrancar
que un silencio y tu larga espera
que de mi bendición a mi amada
y de tu corazón al cielo.

FB-¿Qué es poesía? *"Es el lenguaje del amor".*

(Oralia Jiménez)

7. Indiferencia

¿Qué razón te di para dudar?
¿Qué sentimiento indigno te llegó?
¿Por qué desconfías sin motivo?

¡Ay, del amor que choca contra el muro de la indiferencia!

Dudas del día y de la noche
del Sol y de la Luna.
Cortas cualquier esperanza, cual azada.

¿Por qué temes ser amada?
¿Por qué tu corazón no siente?
¿Qué hay dentro de ti si no amor?
¿Acaso no tienes corazón?

Tu indiferencia es mi dolor, mi pena.
Indiferencia es evitar mi presencia.
Indiferencia eres tú y tu soberbia
soberbia de mujer engalanada
sin sentimientos, sin corazón.

Me causas dolor porque te siento
porque vives dentro de mí
porque eres lo que más quiero.
Y aún así sigo viviendo, sin ti.

8. Sentimiento

En lo más profundo de mi corazón
hay un sentimiento.
Detrás de ese sentimiento, un amor.
Detrás de ese amor, una mujer,
y detrás de esa mujer, voy yo.

9. Ojos

Son, mi niña, tus ojos los que resplandecen.
Es tu sonrisa la que es dulce como el néctar.
Es tu mirada un silencio apasionado.
Es tu carita de ángel la que me enternece.
Eres tú y tu poesía la que me inspira.

FB-¿Qué es poesía? *"Es la mirada de nuestro corazón hacia las cosas sencillas de la vida (una flor, un pájaro, una nube, una sonrisa, el mar, una montaña, la nieve, la lluvia)".* ***(José Luis Figueroa)***

10. Un día en la vida

No podrás hacer del pasado un momento
apartar de tu lado el silencio, pero...
tú, náyade de corazón sincero
imagina con tu fantasía un mundo
pinta de tu poesía las estrellas.

Atravesaste desnuda el firmamento
rara avis que vuela segura
aunque, un momento indeseado llegó:
tocaste el cielo con tus alas, más...
infinito, de negros nubarrones se cubrió.

FB-¿Qué es poesía? *"Es el lenguaje más puro del alma".*
(Karen Ivonne Hernández)

11.   Deseos rotos

Has pasado llorando las estrellas
un deseo roto
roto en lamentos
herida en tu ego.

Un final previsto imprevisible
bordado en recuerdos
recuerdos bellos, eternos
recuerdos rotos en lamentos.

Una rabia contenida.
Un nuevo amanecer en tus ojos
ojos bellos, enormes.
Una chica tierna, apasionada.

FB-¿Qué es poesía? *"Es la perfecta conexión del alma y la mente exteriorizada en palabras. Es saber jugar con las ideas, las vivencias. Es volcar los sentimientos en la palabra".* **(María Elena Ríos)**

12. Carpe diem

Una mirada fija en un punto
un punto invisible en el infinito.
Un sentimiento infinito en tu mirada.
Un corazón de sentimientos.

Una mirada esquiva al recuerdo
un presente esquivo al corazón
un futuro sin recuerdos
un futuro presente en tu mirada.

Una canción y una pista de baile.
Tu cuerpo en movimiento
una mano en tu cintura
mis ojos en tus ojos.

Un paso esquivo al compás
una gota de sudor en tu cuello
la brisa de la noche en tu cara
el reflejo de las estrellas en tus ojos.

13. Mi bella donna

Tus ojos son la luz en la noche
una noche fría en mi vida
el deseo de esperanza en la tuya
el principio del final.

Un cálido abrazo a la Luna
de principio a fin.
Un final duro y frío, gélido:
el comienzo del nuevo ayer.

Una estación más en el camino
de un viejo tren sin pasajeros
sin luz, sin calderas
solo con recuerdos, sin vía.

Una triste despedida del corazón
apagado por el final
del latir de mi vida
que eres tú y tu sonrisa.

Un corto lapsus en el camino
una esperanza sin alas
un grito al cielo, sin estrellas
el eco de un latido, a lo lejos.

14. El pasado

Si el pasado volviera a ser
y yo pudiera elegir
te elegiría a ti
de nuevo a ti.

En ti el día y la noche,
la belleza, la verdad, el sosiego.

Para ti, mi amor y mi respeto,
mi corazón y mi vida.

Por ti cielo y tierra,
sangre y, sudor y lágrimas.

Y un deseo: verte sonreír
cada día, cada Luna
verla feliz e ilusionada.
Por la vida, que es nuestra.

FB-¿Qué es poesía? *"Poesía es un susurro dulce al oído, es una lágrima enjuagada a besos, es un abrazo del viento, es el corazón inmortalizado en el tiempo..".* *(Dulce Mar)*

15. ¿Qué fue aquel sueño?

¿Qué fue aquel sueño?
Sentí explotar en mi interior
el renacer de la vida,
el resplandor de su luz.

¿Qué fue aquel sueño?
Quizás tu corazón que me llamaba
que quería escapar y no podía.
Y llamó a mi corazón en la noche.

¿Qué fue aquel sueño?
Solo sé que fue bello.
¿Y qué si no, más bello que tú?
Eras tú, estoy seguro.

¿Qué fue aquel sueño?
Fue una luz resplandeciente
fue una descarga de energía
una descarga de placer.

Seguí durmiendo hasta el rocío
recordé al abrir los ojos,
y pregunté a la mañana:
¿Qué fue aquel sueño?

16. ¿Qué estás haciendo?

Algo me empujó hacia una ilusión
una ilusión deslumbrante en su belleza
belleza interior, en un corazón roto
en unos ojos que se clavaron en mí.

¿Cómo puede haber tanta belleza en ti?
¿Y tanta dulzura?
¿Y tanto amor?
¿Y tanto sentimiento?
¿Y pasión?

Pero cierras los ojos y todo yace.
Yace el amor y yace el común de los sentidos.
Y nace el odio, y creas dolor
y clavas espinas que hacen sangrar.

¡Se está nublando el camino!

La mujer de Lot miró atrás y ya ves:
"una estatua de sal".
Y era buena mujer, como tú
pero jugó con el destino y perdió.

17. Más allá

Te incorporas un instante y miras
giras la cabeza a uno y otro lado
sientes la brisa de la mañana
acariciando tu rostro, tu cuerpo.

Cierras los ojos un segundo
imaginas lo que puede venir.
Sueñas con algo maravilloso.
Los abres y te ciega la realidad.

Caminas hacia cualquier sitio
contemplas la salida del Sol
buscas en él algún motivo.
¡ Motivo es vivir cada día !

Ahora me toca mirar a mí
y veo tus ojos de esperanza
alegres y llenos de ilusión.

FB-¿Qué es poesía? *"Es un canto que libera nuestra alma de sentimientos, emociones, sueños….todo lo bello que se esconde en un rincón de nuestra alma, de nuestro ser".* **(Rosa María Ganados)**

Deseos, pensamientos, momentos, cada instante, cada segundo, marca el ritmo de los latidos cual gota de agua, esperando y recordando.

18. En el pasillo

No es posible mirar al Sol
cuando está nublado.
No es posible mirar atrás
cuando no hay pasado.

Si es posible ver tu luz
quiero que me ilumine.
Si es posible sentir tu calor
quiero que me abraces.

Quiero y no puedo.

¿Por qué? No lo sé.
Solo sé lo que fuimos
y lo que fue
y lo que pudo ser.

Ahora solo me queda tu recuerdo
mis recuerdos y tu mirada
tus besos acalorados.

¡No pudo ser!

19. Atardecer

Soledad al atardecer
el final de la vida
el principio del recuerdo
recuerdos que fueron y quedaron.

La oscuridad de la noche
tristeza en el corazón cuando pienso
en el lugar que ocupé
en la huella del mar.

Un solo instante para morir.
Para vivir de tu presencia
un reloj sin arena
presente en mi futuro.

Tu recuerdo es cada noche
cada momento de mi vida.
Haces que pare el tiempo
y retroceda para seguir.

Busco en las estrellas un motivo.
Son bellas y brillan.
Ese es el motivo:
el brillo de tus ojos.

No hay más, ni menos
solo pensar es grato
es grato recordar momentos
momentos muy felices...

FB-¿Qué es poesía? *"Es un sentimiento inspirado por los bellos momentos, por los sueños y fantasías en tu vida y que por ende viene el romanticismo".* *(Delfina Rubio)*

20. Hola

Quiero oír de tu voz el eco
sentir de tus palabras la melodía
llegando a mi corazón.

Quiero ver en tus ojos una luz
que en mis pupilas deslumbre
toda la belleza, que eres tú.

Te quiero ver y oír
como pronuncian esos labios
una frase muy concreta:
¡Te quiero, amor mío!

Y sentir estremecerse todo
cuando tú y yo,
tu corazón y el mío,
aceleren su pausado latir
para en un beso fundirnos
y morir.

FB-¿Qué es poesía? *"Es vida, es esperanza, es hacer lo cotidiano divino y arte".* *(Gina Salinas)*

21. Solo tú

En la línea del espíritu
yace la fortaleza del alma
ilusiones rotas tras otra.
El corazón guerrero vence.

Luchador incansable
la sufrida derrota
engrandece el espíritu
levanta el alma.

Chocar con los espejos
del infierno al cielo
de la pena al aire.
¡Cabeza alta caballeroi

Con la mirada fija
rompen las lanzas al infinito.
Un único objetivo:
"El eterno amor, señora"

Siempre tú en la mente.
Por la sangre derramada
por las sufridas lágrimas.
Arena ardiente y fuego.

Mi corazón y la vida
por tu amor entrego.
Hasta el final y siempre...
¡Te Quiero¡

FB-¿Qué es poesía? *"Es lo que me permite poder jugar con las letras para imaginar, dibujar, desear...hasta llegar a ti a través de poder escribir simplemente tu nombre".* **(Norma Beatriz Baffa)**

22.   Deleite

Has querido ver en mi corazón
un nido de sabiduría
y realmente lo hay:
es la virtud.

Si pinchas un poquito
verás, muy sensibles fibras
que a tus impulsos reaccionan:
es el amor.

Cuando acerques tu oído
sentirás un pausado latir
uniforme y seguro:
es mi bendición.

Si alguna vez no lo sintieres
no llores, porque no es el final
solo es el principio
de la eternidad.

FB-¿Qué es poesía? *"Es mirarme al espejo y ver a Dios en él".*
(Mireya Martínez Aragón)

23.   Tu mirada

Con la inspiración desatada
en deseo arde el poema
rompiendo medidas y reglas.

Mientras laten los recuerdos
en mi interior sonríen las palabras
luces y sombras que se enlazan
intentando dibujar tu mirada.

24.   Recuerdos

Las palabras de aquel sueño
olvidaron en tus caricias
un cajón de recuerdos
recuerdos en silencio.

Más tarde, en la oscuridad
Encendió en ti la pasión.
Silencio... y se durmió.

FB-¿Qué es poesía?   *"Es bálsamo para el alma. Es escribir un pedacito del cielo. En fin, es un beso universal".*   **(Yuyu Macías)**

25. Antártida

Ayer vi llorar tus ojos
como lloran los áticos
al final de la tormenta
después de la tempestad.

En ti vi nacer una sonrisa.
¡Mil motivos para soñar¡
Igual que lo son tus besos
¡amada mía¡, igual.

Que son sino
un buen par de razones
ilusión y esperanza
no sin pena y dolor.

Te vi llorar de alegría
¿Acaso no lo fue?
No pudimos esconderla ¡amada mía¡
y te besé..

FB-¿Qué es poesía? *"Es un sentimiento que inspira a tratar de describir-lo ante los ojos del mundo y solo se ve o se siente cuando logra despertar una sonrisa, un suspiro o una lágrima".* **(Michelle Sánchez)**

26.   Seis de la Mañana

Mientras contemplo el amanecer
azul el cielo se adivina
azul que al rocío sonríe
como el Sol a la vida.

Mientras todo se despereza
pienso en ti, ¡ a qué te quejas !
si es por ti la luz del Sol
si soy yo y mi vida entera.

Mientras de lágrimas tu vives
yo intento no nadar
en las lágrimas que tú dejas.

Mientras te vea sufrir
sufriré yo por tu pena
porque eres para mí
como un Sol de luz eterna.

FB-¿Qué es poesía? *"Es una forma literaria de narrar creativamente según el alma del poeta. Es el arte lírico de expresar. Es dejar la mente desnuda y el corazón al descubierto".* **(Regina González)**

27.   La Noche

Cae lentamente la noche
noche engalanada
de luces cubierta
de estrellas, de hadas.

Los ecos de una guitarra
cantando a la luna
un guiño a la noche
y a lo lejos, una cigarra.

Veo danzar en tus cabellos
la brisa del mar
suave como las manos
que acarician mi espalda.

El ruido del silencio
rompiendo en la arena
cruzando las olas
muriendo en mi lecho.

Todo se apaga.
La noche y la poesía
el fuego y las miradas
pero no el amor, mi amor
porque es eterno.

28. La pérdida

De los inocentes el día
bajo la lluvia el adiós
el primero, el comienzo.

Un sentimiento sincero
fin de año y año nuevo.
El mejor de los indicios.

Poco a poco el cariño
el amor y mi torpeza.
Un error imperdonable.

Solo pido la grandeza
de responder a ti
con mi corazón y mi pena.

Deseo de ti tu bendición
y para ti la mejor dicha.

Si es posible perdonar
de mi responsabilidad yo responda
y déjame demostrar
que mi amor no es otro.

La cercanía de dos almas que retumban de pasión a veces encienden una llama tan fuerte que aun la más fuerte tormenta la pueda apagar. El tiempo y los recuerdos juegan malas pasadas, pero esa llama siempre estará ahí encendida.

29.   Two Piscis

Yo sé lo que sientes
yo siento que lo sé
porque sentí que sentías
por eso lo sé.

Yo vi en tus besos
un cálido abrazo
una lágrima escondida
que al adiós precedía.

Yo besé tus besos
besos que sentían
los labios tuyos
en cada caricia.

Yo vi en tus ojos
una luz de alegría
el amor que sentías
sentida mirada.

DPoesía y Relatos

Yo quiero quererte
yo quiero que sientas
que el amor que florece
nunca se olvida.

FB-¿Qué es poesía? *"Es el silencio inmenso que escucha a la naturaleza. Es el decir un "te quiero" sin necesidad de gritarlo. Es el decir cuánto te necesito simplemente con una mirada. Es estar temblando sin tener frio. Es tener fuerzas para luchar cuando estás rot@".* **(Rosi Fernández)**

30. Insomnio

Con la mente en el olvido
olvido que se desvanece
nítido entre los vientos.

Perece de luz el eco
hueco y sombrío
aislado entre rugir de olas.

Tiembla el mástil del recuerdo
en la tempestuosa noche
quejoso y aturdido.

Un largo sueño velado
cruel e insulso descanso
en la soledad me silencias.

Rizada en dudas la mar
se oye a mi lado susurrar
jueza de mando, la razón.

Ese guiño al destino
a ese amor al que amo.
Novela de rosas.

31. Por encima de todo

En el rincón de las lágrimas
las piezas del destino
se entremezclan y se apartan.

Se abre en el desorden
un orden infinito
que a tu nombre responde.

Es mi culpa tu pena
y mi presencia tu sueño.
Mi sueño eres tú
por eso no duermo.

Navegar en las olas
y remar en tus besos
naufragar en tus brazos.
Yo capitán, tu velero.

Si mi rumbo y tu sino
si mi Dios y el destino
a mi lado conduce
yo por ti, el cielo.

No eres tú, ni yo
somos uno, o dos
en una pieza unidos
dibujando un corazón.

32. ¿Cómo puedo querer?

¿Qué hay de tu querer?

Y si de tus ojos
y mi corazón herido
no sabes ver..
¿Cómo puedo querer?

Yo cuidé mi dolor,
tratando de encerrar
en la huidiza fortuna
ese pequeño animal.

¿No te dejas querer?
¿A qué llamas querer?

Si querer es amar
y amar es sentir
yo sentí el amor, mas...
¿A qué alma confías
si todo lo más te lo di
y a cambio...el silencio?

Yo quiero querer, si,
pero corazón es uno,
no dos ni tres.
Y tú, ¿te dejas querer?

FB-¿Qué es poesía? "*Poesía es la expresión en letras del más puro senti-miento del alma., es plasmar con tinta lo que nos dicta el corazón , es va-ciar, volcar todo el cumulo de sensaciones que afloran por un sentimiento llamado amor*". **(Emma Vázquez Maza)**

33. El deseo de la noche

El deseo de la noche
te cautiva lentamente
embriaga tu sed
y eterniza el sueño.

Dos agujas clavadas
en el eterno reloj
envenenan en silencio
el calor de mi suerte.

El deseo se embriaga
y dentro de mi
las horas caen
cual dulce balada.

Al dormir en tus brazos
el rumor de la noche
se adormece en las ánimas
y yo perezco...

Los dos polos de la vida
se unen y se separan
y al final
mueres y vives.

34. Divinidad

Entreabiertas las hojas
hacen correr la brisa.
Frente a ti la luz
allá al fondo te divisas.

Tan apartada te encuentras
como tan cerca la sonrisa
de un rostro bello.

Tan lúcido el día
como los ojos que de azul
al mar me invitas.

No puedo desear
ni viajar en tus sueños
haces parar la mirada
y fijar el corazón.
en cada movimiento.

Si es bonito el amanecer
y la noche estrellada
ya no sé qué pensar
cuando tú te me acercas.

35. Rimando

Voy buscando enlazar
entre verso y verso
rimas sencillas
en silencio....

De par en par
en un mar de celulosa
otros tantos poetas
dejaron caer unas gotas
de amor y de tinta
de sangre y pena.

Pluma tintada que encarna
todos mis sentimientos
dejando deslizar mis latidos
sobre la temprana escarcha.

FB-¿Qué es poesía? *"La poesía nace del corazón mediante la palabra verbal o escrita y que expresa los sentimientos al máximo ya sea de de felicidad, alegría y/ o tristeza, y que en quien la hace como en el que la lee hace querer volver a vivir los momentos cualquiera que sea el motivo, atrae recuerdos o revive desdenes".* **(Shunsain Perdom)**

36. Lluvia

Hasta la noche refrenada
y bajo gotas de lluvia
una historia inmaculada
de amor y cariño.

Amor y calor y pasión
acalorada pasión
templada en besos
de un adiós.

Sirve soñar en avante
la feliz reentrada
a ti mi amada
con la mejor vivencia.

Poder juntos
y querer tenemos
la osada fortuna
de vivir eternos.

FB-¿Qué es poesía? *"Es el puente que une y nos abre el chakra del corazón".*
(Julio Ruiz)

37. Eco

Cuando te contemplo
mil olas de amor
nacen en cada momento.

Cuando me suspiras
hemisferios de pasión
iluminan nuestro cielo.

Tarde mas empieza
el suave latir del viento
aun queriendo despertar
un hilo de eternidad.

Atrapados en el tiempo
estigmas de gloria
rodean nuestro encuentro
olvidando las Termópilas.

FB-¿Qué es poesía? *"Es inspiración hacia algo o alguien es amar, pero al mismo tiempo es saber y poder ver el alma, alma pura. Es ver a través de los ojos y hablar con el corazón. Es tener como cómplice a la luna y a la aurora que ve tu pasado y tu presente".* **(Elsa Equite)**

38. Viaje interior

Otea a tu alrededor
siente el momento
vive el instante
muere en el tiempo.

Regresa a tu interior
y toca con los dedos
la flor de la esperanza
como esparce sus pétalos.

Vuelve al comienzo
y deshoja tu corazón
olvida los malos
y los menos.

Sitúate ahora
en este día de Febrero
en el que la vida despierta
de tus suspiros un velo.

Es el amor su razón
la amistad y el cariño
una bella pasión
por ti mujer
lo que más quiero.

39. Eighteen

Una foto retratada
imagen ensalzada
de un rostro joven
abrazando el cielo.

Una mayoría de luces
una edad iluminada
por los ecos de un sueño
en mujer encarnada.

Un alegre compás
al son del fuego
entre ardientes corazones
de eternos pececillos.

Feliz en tu día
y en todos los demás
porque ahora somos dos
y eso es mayoría.

FB-¿Qué es poesía? *"Es una disertación filosófica".*
(Ramiro Arias Camacho)

40. En Vacío

Siento en vacío remar
la luz de fugaces estrellas
surcando sentimientos
que pronto a llorar rompieron.

Y ahora en apagado
en el silencio del olvido
grandes mares de gloria
de viento humedecidos.

Fugaz brisa azotando
dulces sueños desnudos
de raíz y de miedo
perdidos a lo lejos.

Un húmedo dolor
frio y tenso momento
de tímidos deseos
al compás del lamento.

Besos, caricias, deseos..
en vacío encierran
todos los eternos suspiros
que al amanecer murieron.

41. Lamentos

¡Qué tortuoso es el amor!
Yo no hice nada por mí, solo tú.
Y vino el demonio y te raptó.
No tuve oportunidad.

Cerré los ojos una noche,
Y otra noche, y otra...
y no los puedo abrir
porque tú no estás, ni yo.

¿ Es el final del camino?
¿ o sólo el comienzo ?
Mejor lo segundo, ¿ verdad ?
porque no quiero morir
sin ver tus ojos
en mí clavados
llenos de felicidad.

Son bellos esos ojos
ese rostro de mujer.
Eres bella tú.
Eso es lo que veo.

Cerremos juntos los ojos
y pidamos a la vez un deseo.
¿Cuál será el tuyo?
El mío, ya lo sé: tú.

42. Se fue

A media luz a lo lejos
entre sombras oculto
un gigante de hielo
que al mirar desaparece.

Casi infinita en su belleza
arropada a sus pies la tengo
de mis manos escapada
cual fiero tormento.

Sombras y luz de sierra
luces y sombras anochece
casi mudo y ciego
cuando más la veía.

FB-¿Qué es poesía? *"Es plasmar en un verso todo aquello que inquieta tu corazón, un día el amor, un día la alegría ,un día la decepción. Es asomarse a la ventana de tu vida a través de lo que escribes.".*
(Olivia Lazcano Martinez)

En un baúl se guardan muchas cosas que a veces olvidamos que estaban allí. En los sueños, aparecen, te intrigan y te desbordan. En la realidad, todo arde en un momento y todo lo que había olvidado en ese baúl. Pero no todo se pierde, ni todo se acaba..

43. En un Baúl

Alarde místico
nieve helada en las cumbres
azul reflejo en tus ojos
bendito cielo el que surcas.

En tu despertar divino
gritos abordan el silencio
en un lugar inanimado;
nieve, fuego, sueños.

FB-¿Qué es poesía? *"Escribir con versos tus pensamientos, plasmar para el universo lo que sientes y lo que deseas transmitir. Es soñar, teniendo a mano papel y lápiz, para dejarlo a la posteridad.".*

(Ricardo Sadell)

44. Las olas

El incesante vaivén de las olas
una tras otra
incansables mueren
sin remedio nacen.

#TuitPoema

45. Dos en uno

Bajo el Sol de la esperanza
bajo el manto helado del dolor
bajo la mirada esquiva del amor
renacen recuerdos con fuerza.

Bajo el labio mordido de rabia
bajo la risa infinita del alma
bajo la pasión templada de la Luna
mecen mis brazos tu pena.

FB-¿Qué es poesía? *"Es la manera que una persona expresa lo que siente su vida diaria o sus experiencia la poesía es el lenguaje del alma y del amor".* *(Robert Rodríguez)*

46. El Tiempo

El Tiempo.
Ese caballero que va y viene, que marca el límite entre el bien y el mal, que define lo bueno y lo malo.

El Tiempo.
Ese testigo de la madurez y del fracaso, del éxito y del descontento.

El Tiempo.
El único responsable de un final feliz o de un paso cambiado, de una vida plena o de una insensatez.

El Tiempo.
Ese maestro que enseña los atajos para seguir avanzando, que riñe al ocioso para que exhiba sus miedos.

El Tiempo.
Verdadero valedor de las razones, y de las sin razones guardián efímero.

El Tiempo.
No intentes marcarle el paso, déjalo pasar y contempla su hermosura.

FB-¿Qué es poesía? *"Es plasmar el alma con letras...".*
(Vianney Busanez)

47. La Ausencia

Y bajé al mar...
Olía a ti
sabía a ti.
Pero tú, no estabas.

Y faltaba algo...
Sobre la arena dos huecos pequeños.
Tu aroma y tu llanto aún persistían.
Y seguí tus pasos.

Caía la tarde...
Y la brisa mojada empañaba tu rastro.
Avivé mi marcha sobre las olas.
Pero tú, no estabas.

Y pregunté a la Luna...
Y la Luna despierta besaba mi mano.
Reflejaba tu ojos, se oían tus risas.
Pero tú, no estabas.

Y miré al firmamento...
La noche nublada cegó mi esperanza.
pero estabas allí...
...brillando.

48. Elixir

Sí bebí, las bebí.

En noche estrellada
bajo su atenta mirada
la madre del cielo
abrazaba tu llanto.

Sí bebí, las bebí.

Eran gotas de vida
eran gotas de pena
eran gotas de rabia
que de ti asomaban.

Sí bebí, las bebí.

Tan cerca del cielo
y los pies en la tierra
dos en uno latían...
... y bebí tú tormento.

Sí bebí, las bebí.

Y en mi sangre las guardo
aquel elixir sincero.
Bebí tus lágrimas una noche
y ahora lates en mi.

Libertad, sin duda. Ser uno mismo y quererse y poder amar al resto en libertad.

49. Libertad

Luces y sombras
amor y desamor
querer y no poder
atan tus manos las cadenas.

Latidos de esperanza
lágrimas de alegría
emoción, pasión y poesía
desatan los versos tu vida.

¡Ay libertad, mi libertad!
¡Ay libertad, tu libertad!
Fácil nombrarla
fácil amarla.

Libertad para ser.
Libertad para amar.
Libertad para poseer.
Libertad para querer.

Libertad.

Cuantas guerras sin amor.

Cuanto amor encarcelado.

Cuantos llantos encadenados.

Déjame ver tus ojos.

Déjame sentir tu pasión.

Siente, vive y grita.

¡¡Libertad!!

FB-¿Qué es poesía? *"Es mostrar mi sentir, dejando que tenga resonancia en el alma del otro, desde el infinito de lo posible, desde sus códigos, sus experiencias. La poesía es una construcción colectiva: trasciende la visión del poeta, abraza en un continuo acto creativo a escritores y lectores".*

(Ramón Brito)

En la vida siempre hay motivos para hacer o no hacer, elegir el momento y acertar con inteligencia.

50. Motivos

Luz a la noche despierta
últimos suspiros al viento
me ciegan casi tus lágrimas
intuyendo latidos sinceros
apagar pausados, cada tormento.

Tuviste la noble elección
elegiste el deber al propio
amando en cada silencio
motivos de pedir a Dios
ojos sedientos de libertad.

FB-¿Qué es poesía? *"Es la palabra llorando, riendo, soñando y abrigando el " alma"... Comprendiendo y construyendo la esencia vital. El nombre construye la identidad de las palabras y otorga un sentido a lo tangible e intangible....".* **(Paula Baro Anisa)**

51. Almas Gemelas

De otra vida amantes.
De otros tiempos cómplices.
De un mismo corazón ardiente.
son tu alma y mi alma.

Remando a contracorriente
sin rumbo pero sin pausa
regresar buscan al fin
tu alma a mi alma.

Tanto amor me sientes...
Tanta luz me irradias...
Tantos besos esperan
tu alma y mi alma.

No hay luz sin noche
no hay rumbo sin destino.
No hay vida sin motivo
ni alma sin alma.

¡Dime tú, cuarteto!
Cuan inmenso es mi amor
que por ti necesito guardar
en cien corazones cautivo.

52. Este Alma Sensible

Silencio inquieto navegante.
Mil perdones y mentiras
mirada perdida, rota.
Corazón templado, menguante.

Ira sostenida al alba.
Latidos sordos casi apagados
alma cansada, fría
distante al sentido, al sentir.

Este alma sensible
sensible e indivisible
que presta a la vida vida
y al cuerpo aire, fuerza.

Este alma sensible
deshecha en pedazos
insensible casi, agotada
recomponiéndose fibra a fibra.

Olvídame y te olvido.
Háblame o ciégame.
Bésame o ámame.
Piénsame o pídeme....
Volveré.

53. La casa de las ventanas azules

Azul.
Del cielo libre, del mar infinito.

Azul.
Del bolígrafo que escribe tu nombre junto al mío.
Azul.

¡Cuántos latidos y cuánto amor!
¡Cuánta pasión y cuánta vida!

Azul.
Es el color elegido
para dar luz a tus ojos
cuando el día despierte
y cruce el cristal.

Cielo eres tú.
Amor y pasión, rojo.
Azul libertad y expansión.
Azul.

Azul la vida.
Azul el día.
Azul el mar.

Azul tu y yo.

Azul tu intimidad.
Azul la seda.
Azul el punto.
Azul tu poesía
dibujando una sonrisa bella.
Azul.

FB-¿Qué es poesía? *"Es el desahogarme porque cuando se siente dolor hace daño como la humedad que carcome por dentro la poesía es magia de transformar esos sentimientos en pensamientos y rimas al dejarlos salir siento paz , libertad y consuelo también en leer".* **(Angie Martínez)**

54. Caminos de ida y vuelta

Gracias por tu ayuda.
El comienzo de la vida.
Un gracias desesperado.
Un amor inolvidable.

Miles y miles de sueños
dueños de nuestro pensar
guardianes de noches enteras
centinelas de días de pasión.

Gracias por tu sonrisa.
Gracias por tus caricias.
Gracias por besos.
Gracias por tus lágrimas.

Cuanta vida atrás quedó
atrapada en un punto
rimando en cada verso
besos de fuego ardiente.

Gracias por tu llama
encendida cada día.
Cuántas miradas de luz...
¡Cuánta luz en tu mirada!

Y cuánto fuego
fuego envuelto en lágrimas
en despedidas sin vuelta.
¡Cuánta pasión en tus sueños!

Hasta duele el pensar
y por dentro el corazón.
Una noche interminable
de locura sin fin.

FB-¿Qué es poesía? *"Es el eco de nuestras almas, de nuestros, pensamientos, de nuestras vivencias, de nuestras aspiraciones, nuestros agradecimientos, de la realidad de lo que es vida".* *(Marychu Chávez)*

55. Ojos de Sed

Quisiera describir en un verso
lo que tus ojos hablan
lo que tus ojos duermen
lo que de mi te delatan.

Quisiera bordar con tu nombre
cada paso que pisas
cada imagen que ves
cada vaso que bebes..

Quisiera soñar en tu sueño
mil caricias cuerpo a cuerpo
mil deseos y cien perdones
mil suspiros cuando te pienso.

Quisiera ver en tus ojos
un amor desenfrenado
un deseo acalorado
unos ojos sedientos de mí.

FB-¿Qué es poesía? "Es donde se vuelcan los sentimientos que no te animas a expresar en palabras. Es la voz del alma, es la expresión más sincera". **(Liliana Edith Alonso)**

56. El reencuentro

Nació la luz de nuevo.
Se hizo la vida en tus ojos.
Volví a nacer en tu historia.
Volvimos a recordar.

Mil pasos confesos atrás
una lagrima en cada mejilla
cada recuerdo, cada silencio
cada lugar besado a ti

Y volvió la vida al principio.
Volvió el amor a resurgir
a arder de fuego y de deseo
volviste a mí y yo a ti.

Volví a nacer y a confesar
a confesarte y a suplicarme.
¡No me busques amor mío!
¡no te vayas!, que ya volví.

FB-¿Qué es poesía? *"La poesía es la vida, sin ella no tendríamos fanta-sía... Es un suceso de experiencias... Poesía suspiros, alegría, amor, triste-za...Tù".* *(Miriam Cosia)*

57. **Amor y chocolate**

Amor y chocolate
late que late
dulce y distante
estimulante amargor.

Tu que sustituyes dicen
los efectos del amor
capaz de fundir mis labios
como de amor el corazón.

Amor y chocolate
constante, latente
negro y blanco oscuridad.
Pasional y ausente.

Amor sin chocolate
chocolate sin amor
tómame a pedazos
pero no rompas mi corazón.

FB-¿Qué es poesía? *"Es la madre que sostiene el cosmos literario".*
(C. J. Torres)

58. Enamora2

Cuantos versos enamorados
entre besos recordados
de miradas perdidas
y suspiros esperanzados.

Cuanta tinta derramada
sobre la mesa del tiempo
suplicando a mi amada:
amor, perdón y deseo.

Cuanto anhelo entre sábanas
vacías de ti, de tu besos
deseosas de ti
clamando tu regreso.

¡No te vayas amor!
vuelve a este regazo
apaga esta llama hoy
y hagámonos eternos.

FB-¿Qué es poesía? *"El idioma del corazón, del alma. Sentimiento puro y noble. La manera más hermosa del amor".* ***(Liliana Pardo)***

59. Sirena Dorada

Asomé mis ojos al despertar.
Las olas rompían el silencio.
La brisa desnudaba el sueño.
El Sol saludaba desde el mar.

Allí entre la brisa y el infinito
cual sirena dorada emergió
entre lágrimas y quejidos...
cuanta fuerza, cuanto dolor.

Caminando entre aguas
eclipse de Sol con su belleza.
Templó olas y con dulzura
la casa de luz alumbro.

Volviste al mar en un instante
rizos de oro deslumbrante.
Volví la vista un momento
y hasta aquí mi sueño distante.

FB-¿Qué es poesía? "Es el contenido, el fondo de una estructura llamada poema. Es el ejercicio mental que interpreta los pensamientos que insertan los sentimientos o estados del alma o conciencia del autor en un trozo lirico o narrativo, también se puede dar en la combinación narrativo poética". **(William Arroyo)**

60. Pianíssimo

Cuando de besos me sacias
el tiempo se para a contar
en cada latir una estrella fugaz
meciendo la Luna al compás.

Cuando tu alma me abraza
el Universo una vida nos ceda
secando de lágrimas la brisa
dormitando en una sonrisa.

Cuando tu ojos me clavan
el infinito se vuelve mortal
y los latidos de miel acompasan
desnudando las olas de mar.

Cuando de mi te refieras
yo de ti me pare a bordar
en un verso mil historias sinceras
de amor y nada más.

FB-¿Qué es poesía? *"El verdadero poeta no se cuestiona qué es la poesía, simplemente la crea sin saberlo. La poesía no nace en el mundo de los conceptos ni crece en entornos racionales. Eso sí, muere de vida desde el momento que alguien le otorga el poder de una sensación".*
(Emilia Salas Medrano)

61. Blanco y Negro

Dormir y soñar
a solas contigo
entre brisas y silencios
frente al mar, frente a ti.

Soñar y reír
entre el vaivén de las olas
con tu mano callada
con tu alma clavada.

Reír y sentir
en blanco y negro
una mirada perdida
entre desvelos y besos.

Sentir junto a ti
un mundo entre tus ojos
entre sueños dispersos
en blanco y negro olvidados.

Soñar que es el fin
bajo el influjo atento de la Luna
tu corazón siento latir
beso a beso, lágrima a lágrima.

62. Distante

Recuerdos latentes de amor presente
distancia tornada de fríos vientos
latidos tenues cuasi llorosos
apenados suspiros esperanzados.

Recuerdos vivos aun palpitantes.
Sombrías almas aun despiertas.
Miradas perdidas aun buscándote.

Sueños rotos en tu palpitar.
Deseos confusos, miradas profundas.
Labios fundidos en lágrima viva.
Adiós sin razón
sin consuelo.

FB-¿Qué es poesía? *"Un intento desesperado por recoger de la realidad los pedazos del ser que la sociedad desbasta.".*
(Raul Giaccone Salinardi)

63. La llave de la vida

Esa llave de la vida efímera
que abre caminos sin sentir
y sin esperanza los cierra
a cada paso que un sueño me aviva.

Esa llave del amor prisionero
que ciega el tormento sufrido
ávido de luz cuando te miro
cuando te pienso, sultán del deseo.

Esa llave prendida en misterios.
Corazones fervientes y lejanos.
Sentimientos cruzados cada noche.
Una mano tendida al rocío.

Esa llave de tus lloros cautiva
volcán de almas en vilo
derramando recuerdos y suspiros
abrazando tu latir y el mío.

FB-¿Qué es poesía? *"Definir la vida en palabras".*
(Fátima Rodríguez Tapo)

64. La Luna

Dadme la Luna entre mis manos
entre mis dedos dejadme acariciarla.

Dádmela nueva o creciente
dádmela bella y sonriente.

¡Dejadme tocarla!,
antes que la noche
suya y eterna
la aleje de mí.

65. Navegando

Sé que andas por ahí navegando
entre sombras y suspiros pensante.
Sé que buscas el momento causante
de surcar sin retorno el firmamento .

Sé que miras a lo lejos perdida
entre lágrimas y recuerdos herida.
Sé que miras al mar sin tormento
entre brisa y mareas te encuentro.

66. Granada

Mora y Cristiana en el alma
bella y mística en su fueros
blanca y verde en los inviernos
azul de cielo deslumbrante.

Es Granada gran sultana
la que mira si la miras
la que ciega si la amas
la que llora si la dejas.

Es Granada prisionera
de sus cantes y suspiros
de su historia y "quejíos"
de su embrujo y deseos.

Granada sueño y pasión
de culturas vida y maestra
deseada noche y día
cada paso cada lamento.

FB-¿Qué es poesía? *"Es la máxima expresión.. A través de la poesía expresamos las emociones, los sentimientos. Es el verdadero lenguaje puro del alma. Todo en esta vida es poesía. El canto de las aves es poesía, un amanecer es otra poesía, los pensamientos idealizados sobre el amor es la poesía".* ***(Ximena Martínez)***

67. Gotas de rocío.

Siento tus ojos al mirar
tu sonrisa de libertad
tu deseo en gotas de amor
tu rabia en cada recuerdo.

Pero estás.
Tan lejos y tan cerca
tan adentro y tan presente
tan hermosa y tan cautiva
tan real como la vida.

Sé que sientes mi cantar
mis latidos y el penar
mi ausencia obligada
anclada en tu alma.

Pero estás.
A media luz entre estrellas
entre sueños y quimeras
entre latir y latir
entre besos presente.

68. Junto al mar.

Hoy mi mar huele a mar
un olor intenso a mar.
Tu mar y mi mar huele diferente.
Un aroma atrayente y provocador.

Hoy la noche se hace eterna
llena de Luna y de mar
con olor a ti, con sabor a ti.
Y está preciosa como su estela.

Hoy la vida me rompe sin cesar
pero me huele a ti, me lleva a ti
me recorre y me ciega como su luz
su dulce luz, su dulce amor.

Hoy el mar me lleva a ti
con su Luna alzada como testigo
con la música del mar mientras camino.
Eres mar, soy mar y juntos seguimos.

FB-¿Qué es poesía? *"Es una de tantas maneras de demostrar amor con alguien que te quiere y quieres o amas".* **(Samirita Isaza)**

69. A ti Paloma Mensajera...

Me gustaría expresarte un sentir en una carta abierta desde el corazón.

No le voy a poner remite. Tú, paloma mensajera, sabrás hacer tu trabajo y encontrar su destino.

No puedo más que respetar cada aspecto de nuestra vida, de la tuya, de la mía, de la de cada uno.

No puedo estar más seguro de lo que siento, de lo que sentiré y de lo que sentí.

No puedo, por más que lo intento, faltar a mi cita, a tu cita, cada día. Sería imposible no sentir, sería absurdo no ser, sería inoportuno ir por el mundo sin alma.

No puedo dejar de pensar por ti y por mí, porque sería injusto y además no sería yo.

No puedo cambiar mi mundo y tu mundo, no por prepotencia, sino porque tú mundo y mi mundo son únicos y son los que son. Y me gustan.

No puedo deshacer el pasado porque no tengo ese don, porque mirar atrás es una torpeza y porque lo que fue ya no existe, pero sí existimos tú y yo.

No puedo dejar mi mente en blanco y pasar de puntillas por esta vida, porque no soy así, porque no sería el que soy y porque tampoco me estarías leyendo.

No puedo dejar mi corazón en un vaso y vaciarlo cada noche de sentimientos, porque me dolería y porque late por ti y por mí.

No puedo soñar despierto, porque los sueños son para dormirlos y disfrutarlos, algunos sufrirlos y otros olvidarlos. Y no quiero soñar mi sueño, quiero vivir en el tuyo.

No puedo desarmar mi alma porque sin ella no tendría motivos para confiar en ti, pensar en ti y vivir por ti.

No puedo terminar este pensamiento sin cerrar un libro y abrir una vida, tu vida, mi vida y la de todos.

No puedo dejar de mirar al cielo sin pedir un deseo, un deseo que irá lacrado en este sentir, para que tú, paloma mensajera, lo lleves a su destino y seas testigo de una mirada, de una lágrima, de una sonrisa y de una esperanza.

No me falles paloma mensajera, siempre supiste volver. Ahora te toca llegar a su razón y a su corazón.

FB-¿Qué es poesía? *"Son miles de emociones de estado de tiempo. Son voces de palabras escritas. Es una manera de desahogar los sentimientos. Es vida. Es una forma de gritar con letras lo qué se calla lo que se siente. La poesía nos trasmite, nos lleva a espacios, lugares ya vividos y que quisiéramos vivir. Con la poesía puedes hacer y deshacer".*
*(**María Guevara Bueno)***

70. Entre dos sueños

Esos sueños despiertos de terciopelo
acariciando versos sobre tu cuerpo
arrancando miradas, estrofas y rimas.

Esos deseos de amor compartido
sobre tu ser ardiente y esquivo
confundiendo querer y abrigo.

Esos tiempos pausados pensantes
de miradas confusas y difusas
de sentires intensos y distantes.

Esos ecos vibrantes de luz
entre sombras y besos robados
ese amor sin quebranto ni fin
entre sueños forjado y rebelde.

FB-¿Qué es poesía? *"Al salir de nuestro ser y pasar al papel, muere. Es acción que nos envuelve más allá de nuestra conciencia. Es situarnos en una encrucijada de planos que nos envuelven y nos llevan y traen al mismo tiempo dejándonos ver y entender lo que nombramos como verdad, amor, ser. Es la fascinación de abandonar el estado físico, descifrar átomos y moléculas. Trascender lo escrito es la sombra que nos queda cuando el sol parte en el ocaso y cerramos los ojos para volver a empezar".*
(Ariel Vanguardia)

71. Punto final

Este es el fin que no el final.
El último grito, el último aliento
el ultimo desengaño y el ultimo tormento.
El punto de partida hacia otra dimensión.

Ya no va a más, no puede ir más allá
sin razón, sin deseos, sin sustento
sin referencias, sin dolor.
Un paleta de sueños descolorida.

Y quedó allí en medio de la nada
Allí donde la lluvia no existe
donde la luz es invisible
donde el silencio está prohibido.

Se apagó como el viento cercena las velas
como la hoz derrumba al trigo
como las mareas confunde la noche y el día.
Se apagó, se acabó.

Solo queda una triste estela sin recuerdo
un puñado de versos y poca poesía
un rincón vacío en penumbra y hastiado
una esperanza rota y perdida.

72. Desvelos

Y en este desvelo obligado
los caminos del amor se cruzan
el fuego de tus ojos abrasa mis ojos
los latidos del tiempo se paran.
Se funden en tus labios los míos.

73. No es posible

No es posible mirar tus ojos
sin perder la noción de la vida
sin pisar el paraíso desnudo
sin desear desearte.

FB-¿Qué es poesía? "*Es amo, pasión, deseo. Es trasmitir nuestros senti-mientos. Es ser nosotros mismos. Es entrega. Es lo más bello y fascinante que existe. Es poder decir a aquellas personas que amamos. Toda la inten-sidad y profundidad de nuestros sentimientos. Es enamorar con palabras dulces llenas de todo nuestro ser. Es lo más sublime es lo más puro y sin-cero. Para mi poesía es corazón. Que guarda todo lo bello y lo transforma en maravilloso. Es arte. Es explorar la vida y conocer lo esencial de ella, que es amar".* **(Milay Serra Blanco)**

74. Pensares

¿Qué pensará un alma vana
un corazón preso y herido
entre promesas inacabadas
y pasajes sentidos?

¿Qué pensará un alma encerrada
apartada de mi y de los sueños
entre deseos rotos a pedazos
y arrepentidas palabras?

¿A dó caminarás mañana y nunca?
¿A dó navegarás errante y esquiva?
¿A dó llegaran tus lagrimas
cuando la Luna meza tu miedo?

¿Adónde llegaran tus gritos
en afonía clavados, perdidos?
¿Adónde amada mía te llevaran tus miedos?
¿Adónde si en ti el fuego aun adormece prendido?

No sabes, no sé.
No dejes por ti morir tus besos
tus miradas y tu luz, triste encierro.
¿Qué pensarás?
¿Qué sentirás?

75. Lectura a los enamorados

Para definir que es amor, no puedo mirar desde vuestros ojos, pero el brillo de vuestras miradas, su intensidad, os lo dirá. No puedo sentir como laten vuestros corazones pero si os acercáis, si os tocáis, veréis que se os aceleran. No puedo ser parte de vuestra alma pero cuando no estéis el uno junto al otro notareis que os falta algo.

Eso es el amor. Y no le falléis, ser siempre los mejores amantes, los mejores amigos, los mejores compañeros, los mejores confidentes y cuando toque, los mejores padres.

Además, con vuestro respeto, vuestro espacio, vuestros silencios, también vuestros amigos, vuestras familias sabrán que sois felices y seguís enamorados.

Sed felices y no le falléis al amor.

FB-¿Qué es poesía? *"Es el lenguaje interno del sentimiento profundo con la mente que refleja a través del alma y lo expresa por medio de la escritura , para así poder identificar cada ser que lo lee en un episodio de su vida. Una armoniosa música rítmica con el autor y sus seguidores".*

(Yberley Atamaica Pérez Azuaje)

76. Tú me faltas

Tú me faltas y todo sobra...
... y desde este insomnio maldito
ya no puedo ni secar
las lágrimas que el tiempo hizo suyas
no puedo ni romper el hielo
que tu ausencia dejo en mi alma...

77. Donde estés

Allá donde estés
si en tu sueño o en tu alma
no le guiñes a la Luna ni al rocío
que este poeta te escribió desde el insomnio
mas no desde el olvido.

FB-¿Qué es poesía? "*Son palabras que salen del corazón para plasmarse en un pedazo de papel. Es expresar el sentimiento del corazón al máximo. Una poesía es escribir una historia y dejar un recuerdo al buen lector; se escriben promesas que se alimenta de palabras*". **(Fernando López)**

78. In tempore

La noche se deshace a tus pies.
Las estrellas se derriten al mirar.
La vida se consiente dulce y sentida.
La brisa se adormece con tu voz.

Eres tú la que velas mis desvelos
la que sueñas mis sueños
la que suspiras abrazada al deseo
la que templas las dudas a besos.

Eres tú poetisa del tiempo
señora de mil historias y rimas
la que entre asonantes cuartetos
tu amor pervives confeso.

FB-¿Qué es poesía? *"Es la expresión tangible de un estado emotivo, de un momento del alma, donde los signos fluyen desde el ser interno, son ritmos, metáforas, colores, texturas, efluvios, que se conectan con el pensamientos y son reordenados en una construcción, por medio de la cual se trasmite ese sentimiento a otros. Un estado que muere, pero que es recordado por ese cadáver exquisito que ha quedado, que es testigo del tiempo y del sentir.".* **(Isabel Maduro R.)**

79. Almas

Es tan fuerte el quererte
que los silencios en fuego dibujan
y las miradas reflejos del oro pulido.
Es tan fuerte...

Es tan bello el momento
que las palabras son sonidos
que al laúd pertenecen
y los segundos descorchan difusos
emociones en clave de Sol.

... Y es tan hermoso el adiós
que el momento de verte en prosa
no descuenta cual reloj de arena
sino que une con lazos de seda
dos almas y dos corazones.

FB-¿Qué es poesía? *"Es la expresión del alma de todos aquellos senti-miento sostenidos y amarrados en nuestro espíritu esperando el momento oportuno de vaciar ,para sentir el amor, la rabia, la ira y desahogar el co-razón.....".* **(Roximar Centeno)**

80. Junto a ti

Es difícil estar junto al mar
y a cada ola que besa
no sentir que los sueños
se vuelvan realidad.

Es difícil sentir esa brisa
y a cada suave caricia
tu aroma y tu risa
me hagan brillar.

Es difícil olvidar tu sonrisa
tu ser y tus ojos
cuando a cada latido
la vida me marca un dulce final.

FB-¿Qué es poesía? *"Son todos esos sentimientos que salen del alma y del corazón transformados en letras para hacerte reir, llorar y hacerte vibrar con el amor...".* **(Norma Baltazar Teodosio)**

81. Morir de amor

Cuando todo se apaga, menos tu latir.

Cuando los días mueren y desaparecen.

Cuando tus versos y tu mirada se arriman.

Cuando la llama del amor arde viva

todo es posible

hasta morir de amor.

82. Sueños

En mitad del sueño, tu sueño

ese espacio sin dueño, pequeño

algo vi en ti, te vi

y nos hizo abrir, sin fin

de par en par nuestros silencios.

En cada punto pensante y ausente

cada trazo infinito sin ti

un pensar sin aliento menguante

hace dueño del tiempo tu ser.

FB-¿Qué es poesía? *"Es utilizar la sensibilidad del alma por medio de la palabra".* *(Almendra Skiper)*

83. Entre mis brazos.

Duermo, duermes entre mis brazos.
El último beso antes de dormir.
Tu mirada iluminada, ternura...
El último gesto, cómplice.

Silencio, en silencio, latir y latir.
Latidos al son de la noche.
Mirada fija en tu tez desnuda.
Suaves caricias mejilla a mejilla.
Contemplo tu gesto, amor.

!Dulces sueños!

FB-¿Qué es poesía? *"Es abrir tu alma llena de sentimientos guardados y que puedes ir plasmando en letras dictadas con el corazón, sin necesidad de ser un gran escritor, si no dejando que los sentimientos fluyan solo, y vaya describiendo el amor y el desamor, la vida y día a día. La poesía es aquello que no nos atrevemos a decir ni a escribir ,pero nos gusta leer y ver qué es lo que llevamos en nuestro ser. Poesía es la magia de leer al amor".* **(Katalina Ester Mardones Cárdenas)**

84. Silencios

Puedo pensarte en prosa
y en verso vestir tu silueta.
Puedo amarte en silencio
y en poesía dibujar tu alma.

Quisiera desearte en mis brazos
y en cada rima besar tus versos.
Quisiera ser quien te brille
y en tu ojos sentir tu deseo.

85. Deseándote

Tu deseo es mi deseo.
Te deseo, deseándome.
En el tiempo, en tus sueños
en mis sueños te deseo.
Deseándote te espero.

FB-¿Qué es poesía? *"Es divorciarte con tu instinto y contraer nupcias con tu corazón; teniendo como invitado un papel y un lápiz para procrear familia y nombrarlo poesía.".* *(Alf Cárdenas)*

86. Media Luna

Hoy te vi triste, incompleta.
Entre el todo y la nada.
Me mirabas deprimida como buscando
la mitad que te faltaba.

Hoy mi Luna estaba allí,
allí solitaria, media alma
media tarde y media vida.
Estaba triste y decaída.

Hoy mi Luna no era ella
siempre bella pero triste.
Allí miraba compungida
buscándose alicaída
media alma, media ella.

FB-¿Qué es poesía? *"Es el sentimiento arrancado de lo más profundo del corazón. Es el alma en carne viva, sin mordaza, sin veladura... Es la verdad en su estado más puro, el instinto que nos nace y que muere al compás de una lírica eterna. Poesía...Poesía eres TÚ".*

(María García Camarero)

87. Latidos

A veces y sólo a veces
cierras puertas y se abren esperanzas
pasan mitos y vuelven realidades
bajan mareas y suben sirenas.

Así la vida, esta vida
pasa de ti y tú de ella
hasta que ella te pide
y tú la pides a ella.

Es un sentir hermoso
a veces penoso y esquivo
mientras sientas tu latir
no hay duda:
estamos vivos.

FB-¿Qué es poesía? *"Es pensar con el alma, opinar con el pensamiento, expresar desde lo escrito lo sentido, lo intuido, en lo sensible de lo humano inspirados en los hechos y en lo inexistente. Es también encontrar la forma del amor con un verso, en una prosa, a la luz de la palabra.".*
(Cuida Tu Mente)

88. Alas para volar

Volar sin alas
Amar sin corazón
¡Qué contradicción!
Como sufrir sin dolor.

Dadme aire para volar
y amor para amar.
Yo pongo el motivo y las alas,
el tiempo y la emoción.

Dadme vida para vivir
y letras para describir
para versar y rimar.
La tinta y el sentir lo pongo yo.

Dadme un motivo para sentir
para viajar alma a alma
y descubrir que sufres y sientes.
El corazón lo ponemos los dos.

FB-¿Qué es poesía? *"Regalar y expresar nuestro sentir más profundo a través de letras que enaltecen el espíritu de quienes tiene la fortuna y la osadía de leerlas".* **(Mónica Ruiz)**

89. Llega la noche

Llega la noche y el final
del día y de la luz
del sentir y del pensar
del soñar y el vivir.

Llega la noche embravecida
de miradas rotas y lágrimas esquivas
de acelerado pulso
mas débil sentido.

Llega la noche oscura,
apagada e insolente,
solitaria y callada rima,
febril silencio hastiado y breve.

Llegó la noche y también el fin.
Recordarás entre líneas difusas
cuando el destino venga a mi encuentro
que el amor no tiene sueño
y te quise con locura.

FB-¿Qué es poesía? *"Palabras que no ofenden que te llegan al corazón".*
(Carmen López)

90. Hojas

Lentamente pasan mil imágenes
ante ti un sin fin de escenas
un carrusel de momentos
una vida entera mientras esperas.

Poco a poco caen los segundos
esos que no vuelven a contar
aquellos que empezaron lejos
y estos en los que tú no estás.

Son tiempos de sobrevivir
de sobrevolar cual mariposa
de rescatar sin salvavidas
de respirar sin boca a boca.

Es mi momento vivido
es un dulce deseo en néctar
extraído de la más hermosa flor.

Es una vida nueva que surge
que entre vientos desnuda las hojas
de una otoñal historia
que entre suspiros se escribirá.

Lejos, cerca y en ninguna parte.

Un corazón encendido y fuerte.

Un final hermoso en primavera.

Una llama eterna de centinela.

FB-¿Qué es poesía? *"Es la expresión íntima, muy personal de la explosión de los estados del alma o su razón, mediante palabras, sonidos, ritmos, melodías y armonías en diversos grados e intensidades. Es la construcción literaria de un estado emocional íntimo y personal".*

(Fransiles Gallardo)

91. Papel mojado

Hoy caminaba junto a tus aguas
largo y ancho mar de olas
interminable composición
tenaz y efímero rugir de paz.

A lo lejos la eternidad del Sol.
Sobre sus cenizas
una Luna preciosa que mece
cada palpito de mi corazón.

Sobre el regazo, un papel mojado
húmedo y denso papel
incapaz de sostener la tinta
tinta inmortal y fiel.

Triste poema derramado en ese papel.
Bella Luna que viste nacer
tristes trazos sin son ni ser.
Bello silencio, papel mojado.

FB-¿Qué es poesía? *"Es eso que escribes cuando sientes que el corazón se te sale del pecho y te duelen los ojos de tanto amor".*

(Diana Sánchez)

92. Historias de pasión

Si quisiera comenzar una historia
dibujaría tu nombre con pétalos
de rosas para hacerte inmortal
con su fragancia y ternura.

Inundaría tus ojos de miel
y todo lo que a tu vista alcance
de la flor de la pasión, sin duda
para hacerte vibrar y sentir
un episodio inolvidable.

Recorrería cada palmo de tu piel
con la yema de mis dedos
embriagados de rosa y pasión
de deseo y dulzura..

Esta fue nuestra historia
un bello momento de olores
y recuerdos tal vez
con el mejor sabor que dos cuerpos
en fuego se unen y arden...

93. Besos de paz

Ando templando los tiempos
los sentimientos y los suspiros.
Ando viajando entre ramas
del gran árbol de la vida.

Ando buscando el sentido
del sentir y de los besos
de los versos tu eres el fin
del poema y de los vientos
que te llevan hasta aquí...

Ando perdido entre lágrimas
de las tuyas y de las mías
de los mares cautivo
y de la Luna preso en su belleza.

Ando paseando entre puentes
entre corazones latentes
entre sueños desvivo
en tu ser presente.

No me pidas dormir
ni olvidar tú recuerdo.
Pídeme un espacio de paz
entre tus besos y mis besos.

94. Poema a la amistad

Decías que era incapaz de escribir
un poema a la amistad
a la amistad verdadera
como si no se pudiese sentir.

Te equivocabas, es así,
porque se puede escribir
sobre un alma de papel
sin que sepas de mí.

Sabes que hay pájaros de barro
y amigos fugaces como el viento
y también un sentir especial
para volar sobre tus pasos.

Despacio y a distancia
amistades de hierro forjado
miles de historias guardadas
en el fondo de mi alma.

Aquí tienes este poema sonoro
con música de tu agrado
desde adentro y con dulzura
con respeto y con templanza
para amigos de verdad
amigos como tú.

95. Me fui

Hoy no escribo desde aquí
aquí no, ya me fui.
Me fui allí donde nada importa
donde nada sucede ni duele.

Me fui lejos de todo
a sentir sin sentir
a dejar volar mi alma sin retorno
a vivir sin vivir.

Me fui para no volver,
para no cruzar las cenizas
para no ver tu sonrisa
para no perecer.

Me fui a contemplar los lirios
las estrellas y las ninfas
a ver llorar la Luna cuando duerme
a ver morir los suspiros.

Me fui para no morir
para no partir sin ti
para no gozar sin ti
para no amar sin ti.

Me fui a desgranar los segundos
a enterrar los recuerdos
a dormir en mi sueño
y a vivir, a vivir.

FB-¿Qué es poesía? *"La palabra poesía proviene del términos latino POESIS que a su vez deriva de un concepto griego. Se trata de la manifestación de la belleza o del sentimiento estético a través de la palabra, ya sea en verso o en prosa. De todas formas, su uso más usual se refiere a los poemas y composiciones en verso".* *(BP Alquiles)*

96. Me habló de ti

He hablado con la Luna, tu Luna
y me ha susurrado al oído
ha llorado conmigo,
por tu pena, por tus cadenas.

Me ha hablado de ti
de la luz de tus ojos
de tus deseos rotos
de tu labio mordido.

Me ha pedido la espera
tu espera, mi espera
con fuerza y amor
con paciencia y calor.

Y me ha vuelto a susurrar
a templar tu mirada
a pensar tu condena
a aliviar tu alma cansada.

Me ha guiñado en la arena
junto al mar que nos lleva
junto al lugar de tu espera
y se ha ido a brillar
junto a tu estrella.

97. A Hypatia.

Cuando te leo
las palabras se estremecen
como las cuerdas de un laúd al vibrar
en una noche de fantasía.

Es leerte y todos los sentidos
se ponen a jugar
a viajar por un lugar llamado vida
a dibujar sonrisas y lágrimas
a disfrutar desnudos entre lugares perdidos
a imaginar, a soñar.

Eres el arco que tensa el amor
la flecha que atraviesa tempestades
la diana del deseo que todo lo siente
la mano que sujeta la libertad.

Eres todo y todo en estado puro
una pureza a veces tan fresca
como al agua que bebes del río
como la brisa suave que entra por la ventana
en el amanecer de los sueños.

Eres tan maravillosa
que las aves al migrar se pasan a verte
a saludarte desde el balcón de tu alma
a contemplar un cachito de ti.

Porque eres brisa viajera
eres Sol de primavera
y de otoño el despertar
mirándote a tus ojos
junto a una vieja chimenea en ascuas.

Eres la madre de Dios
la fiel presencia de la madrugada
entre ojos cansados que claman
paz, salud y libertad.

FB-¿Qué es poesía? "*Es expresión y liberación, de forma creativa tratar de explicar lo que uno siente frente a diferentes circunstancias sean reales o imaginarias, que de cualquier manera es real. y mediante esa exposición se produce una conexión con la persona que lo lee, trascendiendo el tiempo y el lugar*". **(Lucia Agostina Tyburczy)**

98. Camino de espinas

Calles vacías, historias y cal.
Batallas que fueron, "vendettas" y mal.
Farolas que lánguidas te llevan y se van.
Poetas sin rumbo, sin rima y sin sal.

Falsos sonidos sin ritmo y sin son.
Pasos perdidos, silbidos, rumor.
¿A dónde me llevan, me llevas, amor?
Sin alma y sin pena, sin dicha y sin Sol.

¿A dónde me citas, me clamas?
¿A dónde tus llantos, tu eco y tu voz?
¿A dónde me llevas, me guías, me atas?
¿A dónde suspiras, me clavas, amor?

Allí donde besos, expresos y calor.
Allí donde el fuego, el cuerpo y ardor.
Allí donde campos de sangre y sudor
vencida batalla me entreguen, me cieguen..
Atado a tu alma, a tu calma, por siempre.

99. Poema a la tristeza

Si estoy triste es por amor
o por desamor las lunas
por desearte cada parpadeo
por mirar a las estrellas
en una noche de niebla.

Si estoy triste es por mi alma
o porque me desarmas con tus ojos
porque te pienso desnuda
y mis lágrimas me nublan de sed
en un desierto infinito.

Si estoy triste es por mis recuerdos
porque ando despierto sin ti
porque te beso y no consigo alcanzar
cada palmo de tu piel.

Si estoy triste es por tu querer
porque no es posible no quererte
no tocarte sin perecer
no mirarte sin derretir mi corazón.

Si estoy triste es por tus besos
porque tu melodía ya no suena

porque tus ojos ya no ven
entre charcos de lágrimas.

Si estoy triste es porque te amé
te dejé de mi mano
y la noche te atrapó entre sus brazos
y en un oasis mi lecho dejé.

Si estoy triste es porque te deseo
te deseo ardiente entre la seda
entre mi día y mi noche
entre mis dedos fugaces.

Si estoy triste es por mi encierro
por mi desnuda mirada
y mi lento vagar
entre lánguidas hojas.

Si estoy triste es porque me muero
me muero sin ti
y la muerte me acecha
hasta que el Sol marchite los sueños
y la vida me lleve hacia ti.

100. Te quiero

Te quiero...
Como amiga, como amante,
como mujer cual compañera,
como silencio entre gritos y amaneceres tardíos.

Te quiero porque si no la Luna sería Sol
y las estrellas gotas de olvido.

Te quiero...
Claro que te quiero mi amor
porque tus ojos son tan bonitos
que tu corazón imaginar no puedo
y tu alma, cuento de hadas....

Te quiero...
Porque el amor necesita de amantes
porque la soledad sin ti seria encierro
porque lo sencillo es eterno contigo.
Porque te quiero...

Te quiero sí, sí que te quiero.
Entre mis brazos desaliento
entre mis labios saciada
entre caminos distantes.

Te quiero, claro que te quiero.
Porque sin ti el amor perdería sus letras
y no quiero perder ni un segundo
pensando en ti sin pensar en mí.

Pues claro que te quiero.
Porque queriéndote el rocío yace eterno
sobre tu piel erizada
y al salir el sol tus besos serán mis besos
y tu amor mi amor y no recuerdo.

Te quiero cada segundo que falta
y cada segundo que fue
cada lágrima tuya y cada rayo de ti
cada mirada perdida
cada tropiezo.

Fin

Te   mando
un beso al aire
y cuando la brisa
acaricie tu mejilla
tal vez te haga
sentir
algo.

Índice

Nº	Titulo	Página

	Prólogo	7
1.	De mi para ti	13
2.	Fantasía en verso	14
3.	Bruxa	15
4.	Maná	16
5.	Blue	17
6.	Furia	18
7.	Indiferencia	19
8.	Sentimientos	20
9.	Ojos	20
10.	Un día en la vida	21
11.	Deseos rotos	22
12.	Carpe diem	23
13.	Mi bella donna	24
14.	El pasado	25
15.	¿Qué fue aquel sueño?	26
16.	¿Qué estás haciendo?	27
17.	Más allá	28
18.	En el pasillo	29
19.	Atardecer	30
20.	Hola	32
21.	Solo tú	33
22.	Deleite	35
23.	Tu mirada	36
24.	Recuerdos	36

Nº	Titulo	Página
25.	Antártida…………………………..	37
26.	Seis de la mañana……………….....…	38
27.	La Noche……………………………..	39
28.	La pérdida…………………….…....	40
29.	Two piscis…………………………...	41
30.	Insomnio……………………….…....	43
31.	Por encima de todo…………………..	44
32.	¿Cómo puedo querer?…………………..	45
33.	El deseo de la noche………………..	47
34.	Divinidad…………………….….…	48
35.	Rimando……………………………..	49
36.	Lluvia………………………………..	50
37.	Eco…………………………………..	51
38.	Viaje interior………………………..	52
39.	Eighteen……………………………..	53
40.	En vacío……………………………..	54
41.	Lamentos……………………………..	55
42.	Se fue……………………………....	56
43.	En un baúl…………………………..	57
44.	Las olas……………………………..	58
45.	Dos en uno…………………………..	58
46.	El tiempo…………………………..	59
47.	La ausencia………………………..	60
48.	Elixir……………………….………	61
49.	Libertad……………………………..	62
50.	Motivos……………………………..	64
51.	Almas gemelas………………………..	65

N°	Titulo	Página
52.	Este alma sensible....................	66
53.	La casa de las ventanas azules.........	67
54.	Caminos de ida y vuelta..............	69
55.	Ojos de sed............................	71
56.	El reencuentro..........................	72
57.	Amor y chocolate......................	73
58.	Enamora2..............................	74
59.	Sirena Dorada..........................	75
60.	Pianíssimo..............................	76
61.	Blanco y negro.........................	77
62.	Distante................................	78
63.	La llave de la vida.....................	79
64.	La Luna................................	80
65.	Navegando.............................	80
66.	Granada................................	81
67.	Gotas de rocío..........................	82
68.	Junto al mar............................	83
69.	A ti paloma mensajera..................	84
70.	Entre dos sueños.......................	86
71.	Punto final.............................	87
72.	Desvelos...............................	88
73.	No es posible...........................	88
74.	Pensares................................	89
75.	Lectura a los enamorados..............	90
76.	Tú me faltas............................	91
77.	Donde estés............................	91
78.	In tempore..............................	92

Nº	Titulo	Página
79.	Almas…………………………..	92
80.	Junto a ti……………………..	93
81.	Morir de amor………………….	94
82.	Sueños………………………..	94
83.	Entre mis brazos………………..	95
84.	Silencios……………………..	97
85.	Deseándote…………………..	97
86.	Media Luna………………….	98
87.	Latidos…………………….	99
88.	Alas para volar………………..	100
89.	Llega la noche……………….	101
90.	Hojas…..………………….	102
91.	Papel mojado……………….	104
92.	Historias de pasión ………………	105
93.	Besos de paz……………….	106
94.	Poema a la amistad…………….	107
95.	Me fui……………………..	108
96.	Me habló de ti………………..	110
97.	A Hypatia …………………..	111
98.	Camino de espinas………………	113
99.	Poema a la tristeza………………	114
100.	Te quiero ……………………..	116

www.ingramcontent.com/pod-product-compliance
Lightning Source LLC
Chambersburg PA
CBHW032139040426
42449CB00005B/310